MEMOIRE
en Images

CAVAILLON

C'était le plus grand pont suspendu de France. Inauguré par Edouard Daladier, ministre des Travaux publics, en 1932, ce superbe ouvrage connut une fin tragique le 24 août 1944. Symbole plein de magnificence d'une époque prospère où l'importance des échanges commerciaux justifia sa construction, il reste intact dans la mémoire de la cité.

MEMOIRE

en Images

CAVAILLON

Hélène Chevaldonné-Maignan

ALAN SUTTON

Editions Alan Sutton
21, avenue de la République
37300 Joué-lès-Tours

Première édition octobre 1999

ISBN 2-84253-342-9

Dépôt légal : octobre 1999
Imprimé en Grande-Bretagne par
Midway Clark Printing, Wiltshire

La maison Jacotet, boulevard Emile Zola. L'automobile remplacera bientôt la charrette attelée. Pour l'heure, les deux cohabitent : la charrette pour le travail, l'automobile pour les promenades du notable, sans nuire au succès de la « petite reine », la bicyclette.

Sommaire

A la fraîche, on a sorti la table en noyer devant la bastide et on se retrouve en famille, le temps d'une pause entre deux travaux des champs, autour d'une bouteille de bon vin des Vignères.

Photographie de couverture : La fanfare Amicale Avant-Garde Cavaillonnaise, fleuron du monde musical de la cité, ne s'illustre pas que sur la scène locale : la troupe est sollicitée pour bien d'autres manifestations extérieures et elle effectue souvent le déplacement en famille, comme ici à Marseille en 1923.

Introduction

Du *Cabellio* des Cavares au *Cavalhon* des comtes de Toulouse, du *Cavaglione* des papes jusqu'au Cavaillon français, la ville compte de nombreux siècles d'une histoire remarquable à plus d'un titre. Mais c'est entre le XIXe et le XXe siècle que les Cavaillonnais d'aujourd'hui placent leur « âge d'or » : quand la cité acquit une renommée nationale, voire internationale, grâce à l'exportation massive de ses produits maraîchers ainsi qu'à la bonne fortune du plus doué d'entre eux : le melon.

Cette petite mais fort ancienne cité épiscopale (IVe siècle), sise à la limite du Comtat-Venaissin et de la Provence, bénéficie au XIVe siècle de l'installation de la papauté en Avignon qui entraîne essor commercial et rayonnement culturel. La communauté mise bientôt sur une agriculture de haut rapport et développe ses surfaces irriguées : le canal de Cabedan-Vieux, pensé au début du XVIe siècle par l'ingénieur salonnais Adam de Craponne, vient compléter le réseau déjà important du vénérable canal Saint-Julien (XIIe siècle). En ville, les couvents se multiplient, ainsi que les confréries. Les Bénédictines s'implantent dès le XIVe siècle, suivies des Dominicains et des Capucins (XVIe siècle), puis des pères de l'Oratoire (remplacés en 1680 par les pères de la Doctrine chrétienne fondés par le Cavaillonnais César de Bus), des Ursulines, des Bernardines, des Carmélites et des Carmes-Déchaussés. La noblesse italienne, récemment immigrée dans les Etats du Pape, s'installe : les Pérussis, Ciceri ou Bus entretiennent une vie intellectuelle notable ; dans la seconde moitié du XVIIe siècle, une académie de lettrés se forme ainsi autour de l'évêque, Jean-Baptiste de Sade, pour disserter de belles-lettres, d'archéologie, de droit ou d'astronomie.

Au XVIIIe siècle, les activités agricoles et artisanales se développent et se diversifient avec la construction du canal d'irrigation de Cabedan-Neuf, la généralisation de l'élevage des vers à soie, le développement des moulins à blé et à paroir. Occupée à trois reprises par le roi de France (1663, 1668, 1768-1774), l'enclave papale est enserrée d'un cordon douanier étouffant. La classe bourgeoise, dont la fortune s'appuie largement sur la propriété terrienne, souhaite de plus en plus vivement une réunion à la France qui abolirait ces barrières douanières. Les « artisans et ménagers » quant à eux, souvent acquis aux idées nouvelles, sont très attentifs à la situation française d'autant que des crises frumentaires successives touchent lourdement la ville et accroissent les tensions. La Révolution précipite le rattachement du comtat à la France, en septembre 1791.

Le XIXe siècle est marqué par une mise en valeur intensive du terroir : on assiste au perfectionnement du système d'irrigation, au foisonnement d'usines hydrauliques (moulins à garance, tanneries, scieries, filatures de soie) et surtout, au développement de cultures de haut rapport, comme la garance, dans la première moitié du siècle, et dans la seconde, les maraîchages.

La création d'une ligne du chemin de fer PLM, aux alentours de 1870, va faire exploser le volume des échanges et donner à Cavaillon, un siècle durant, le rang de place commerciale de première importance. Nombre d'industries liées aux productions maraîchères se développent alors : ferblanterie, emballages, engrais ou instruments agricoles. C'est l'époque du fantastique marché du Clos, des florissantes maisons d'expédition, le temps béni d'une prospérité largement répandue.

De cette époque, à la fois proche et lointaine, surgissent des éléments phares (lieux, personnages, événements) qui sont de précieux repères dans la mémoire collective comme dans la mémoire de chacun. La place du Clos, la colline Saint-Jacques, le monument Gambetta, le café d'Orient, l'école des filles et celle des garçons, la place de l'Evêché, la rue de la Couronne, le Fangas... tant et tant de lieux qui évoquent personnages et moments ayant rythmé des existences particulières tout autant que la vie publique cavaillonnaise de la fin du XIXe siècle au milieu du XXe siècle.

Cet ouvrage, à travers nombre de vues pour la plupart inédites, tente d'évoquer de manière concrète la vie cavaillonnaise de « ce temps-là » : de l'intense activité agricole et commerciale au riche univers de la sociabilité, des événements marquants aux anecdotes typiques, des personnages officiels enfin, aux anonymes.

Paysans, commerçants, de l'enfance au grand âge, leurs portraits forment une saisissante galerie de ce qui composa « l'âme cavaillonnaise » d'alors. Certes, quelques hiératiques portraits conventionnels, dans un décor néo-classique furieusement petit-bourgeois, témoignent d'une très nette volonté de se « faire tirer le portrait » selon ce que la province pense être le style des notables parisiens. Mais la grande majorité des vues, le plus souvent photographies d'amateurs, sont au contraire d'un stupéfiant naturel. Photos familiales prises aux champs, au café, devant la bastide ou devant le magasin, elles nous rendent les personnages tout à coup étonnamment proches et les activités singulièrement vivantes.

Constitué, dans une large mesure, à partir de collections particulières, cet ouvrage se veut à la fois un album de famille et un ouvrage d'histoire locale : puissent les « vieux Cavaillonnais » s'y retrouver avec émotion et plaisir, et les Cavaillonnais d'adoption, y découvrir avec intérêt les jalons d'un nouvel enracinement.

Les commentaires de ces photographies doivent beaucoup aux ressources des archives publiques : extraits de la presse locale, de programmes de manifestations ou de délibérations municipales contribuent ainsi à raviver les traits d'une histoire déjà lointaine pour certains.

De nombreux témoignages enfin, collectés au fil des ans auprès de personnes âgées (aujourd'hui disparues pour certaines) font écho à cette mémoire en images.

Au seuil d'un troisième millénaire annoncé à grand bruit, ces photographies et ces paroles d'hier rendent un hommage singulièrement émouvant au Cavaillon d'il y a un siècle.

Hélène Chevaldonné-Maignan
Archiviste de la ville de Cavaillon

A la mémoire de Jean-Baptiste Coupy (1896-1995)

I
Des cours et des promenades

Vue depuis la colline Saint-Jacques, la ville de 1900 se niche au sein d'une couronne de platanes qui matérialise l'emplacement des anciens remparts. Au loin, le Luberon étire ses ultimes courbes dans la plaine et la Durance, dont on perçoit le fin ruban argenté, étale ses méandres.

Le milieu naturel est marqué par deux éléments : la colline et la rivière. La Durance domptée cache bien aujourd'hui le pouvoir exceptionnel qu'elle exerça sur la terre et les hommes jusqu'au milieu du XXe siècle. Tour à tour fléau et bienfait, voie de communication ou frontière naturelle, elle a nourri l'histoire de la ville depuis les origines.

La bergerie dans les années 1930. La colline Saint-Jacques, berceau des antiques Cavares, est au début du siècle le lieu traditionnel de la détente et de l'évasion, à deux pas de la ville. Les plus chanceux y possèdent une vigne, quelques oliviers voire un cabanon... Les autres y vont chasser, danser ou pique-niquer.

La vallée de la Durance depuis le calvaire de Saint-Jacques dans les années 1950 : au premier plan en contrebas, la route du Pont et ses platanes, les quartiers des Grands-Jardins et de Boscodomini encore très peu construits. Le barrage de Serre-Ponçon ne régulera le cours impétueux de la rivière qu'en 1957.

La place du Clos vue de Saint-Jacques en 1962 : hors la ville jusqu'au XIXe siècle, cette vaste esplanade devient peu à peu le cœur battant de la cité. Elle est aménagée (plantation de platanes vers 1830, installation de l'arc antique en 1880, création du jardin public vers 1930) et agrandie entre la fin du XIXe et le milieu du XXe siècle, pour les besoins du marché.

La colline vue de la place du Clos en 1962. Que de siècles coexistent sur cette très insolite photo enneigée ! L'arc romain (Ier siècle de notre ère), la chapelle Saint-Jacques (XIIe siècle), petite vigie haut perchée, le grand calvaire marquant l'arrivée du chemin de Saint-Jacques, le départ de celui-ci, enfin, à gauche du bel ensemble bordant la place et construit à la fin du XIXe siècle.

La place du Clos vue du cours Bournissac, vers 1900. Entre 1859 et 1863, la municipalité de François Tourel entreprend l'agrandissement et l'aménagement de cette place pour les besoins du marché aux melons : deux importants pâtés de maisons sont détruits, d'une part entre la colline et le niveau de l'actuel passage Vidau, d'autre part autour de l'ancien cimetière.

Le cours Bournissac. Le côté sud du cours du Midi se construit rapidement, au début du XIXe siècle, de maisons bourgeoises et d'usines hydrauliques : une tannerie (Buffet), une scierie (Murtin) et un lavoir (Tourel) tirent parti des eaux du canal du Grand-Rialet. Le cours prend le nom du maire J.-B. Senchon de Bournissac (1815-1824) après la mort de celui-ci, en 1824.

Le cours de la Charité (actuel Victor Hugo) est alors l'un des plus vivants de la cité. A droite, le Grand café Riche (actuel Rayne), le Grand bazar Mailhan (une institution !) et, plus loin, la marquise du Grand café des Négociants. En face se trouvent l'entrée de l'hospice de la Charité, l'imprimerie Mistral, le Casino-Théâtre (futur Palace) et le Grand café d'Orient.

La place Gambetta après 1907. L'ancienne place de la Couronne est la principale entrée de la ville. L'avenue des Ecoles, à droite du Grand hôtel Moderne de Marius Creisson, rejoint la gare (le boulevard Paul Doumer n'existe pas encore). L'avenue de l'Abreuvoir (Abel Sarnette), quant à elle, est la grande voie d'accès depuis le Luberon et la vallée du Calavon.

La place Gambetta dans les années 1930. Les nombreux cafés qui la bordent portaient encore des noms délicieux au tournant du siècle : café des Palmiers, café Ulysse et surtout A la Fourmi Laborieuse, nom bientôt raccourci en une version moins « marquée » mais toujours pittoresque.

Le cours Gambetta au début du siècle. C'est l'ancien cours Saint-Michel, mais il prend le nom du tribun républicain après son passage en 1876 à l'hôtel de la Pomme d'Or (à droite de la photo, actuelle Société générale). Le lundi, des centaines d'agneaux et de brebis l'envahissent, parqués dans des cases, et attendant acquéreur.

Le cours Gambetta dans les années 1950 : l'hôtel Toppin, le cinéma *Fémina* et le magasin Porte. Propriétaire depuis 1900 du Grand café Toppin, l'entreprenante Mathilde Toppin créa en 1913 le cinéma *Fémina*, avant de racheter le Grand hôtel Arnaud, mitoyen.

C'est l'unique survivante des six anciennes portes de la ville (portes du Clos, de la Brêche, de la Couronne, de Saint-Michel, du Moulin et de la Reine). Reconstruite en 1740, dix ans avant la chapelle de l'hôtel-Dieu voisin, elle échappa au démantèlement des remparts délabrés et devenus dangereux, après la Révolution. La Vierge, gardienne de Cavaillon, date de 1870.

Le cours Carnot (vu depuis le Clos) présente, pour le plus grand plaisir des promeneurs, son double alignement de platanes qui n'ont pas encore trop défoncé chaussée et trottoirs. A gauche, côté colline, court la *filiole* de l'Evêché, dérivé du canal Saint-Julien qui fait tourner quelques roues hydrauliques et surtout, permet d'arroser les jardins.

II

Du portail du Moulin au Fangas

Le portail du Moulin ouvre sur la Grand'rue, principale artère de la cité au Moyen Age, qui vit passer foule de grands personnages : évêques, vice-légats ou rois et reines de France. Elle reste en ce début de XXe siècle un lieu de sociabilité : les chaises sont sur les pas de portes et l'on prend le frais sous l'imposante silhouette de la chapelle du Grand-Couvent.

Les halles du Moyen Age ont conservé jusqu'aux années 1920 leur bel ordonnancement. Et si une impasse perpétue le nom d'une des plus anciennes auberges du lieu, le Logis du Chapeau Rouge, qui sait encore que ces galeries couvertes abritèrent le premier hôpital de la ville ainsi que les prisons communales ?

La place de l'Evêché (actuelle place de Cabassole), aménagée après la destruction de l'ancienne demeure épiscopale, échappa au début du siècle à la vague anti-cléricale de renomination des rues autour du groupe cathédral (rues Voltaire, Diderot, Jules Ferry), mais un petit café (à gauche de la photo) s'y baptisa facétieusement La Baraque du Diable.

Le 14 août 1894 est érigé sur l'ancienne place des Dominicains un buste à la mémoire d'un enfant du pays, félibre et critique musical, Castil Blaze. Frédéric Viau, jeune sculpteur cavaillonnais de 27 ans, exécute ce travail à la demande de la Société des félibres de Paris, avant d'en faire don à la ville.

Quarante ans plus tard, la place subit d'importantes transformations avec la suppression d'un pâté de maisons au nord (épicerie du sieur Thomassin, dit « Joli-Cœur ») et surtout, la construction de la moderne école de filles en 1934. La statue n'échappe pas aux remaniements et est alors reculée de quelques dizaines de mètres.

La grande rue commerçante de Cavaillon c'est la rue Gambetta (actuelle rue de la République). On y accède au Moyen Age par la porte de la Couronne, qui lui donnera son nom. Baptisée fugacement rue Tricolor après la Révolution, elle reprend son appellation initiale à la Restauration. Elle devient, à la fin du XIXe siècle, la rue Gambetta en hommage au tribun républicain dont la venue mouvementée en 1876 a laissé de vifs souvenirs. C'est d'ailleurs le nom que lui donnent encore nombre de vieux Cavaillonnais. Pour certains enfin, elle est tout simplement la rue piétonne.

Vue vers la place Gambetta, la rue dans sa version des années 1930 a peu changé. Les commerçants ne sont plus les mêmes mais les noms d'alors sont encore évoqués avec bonheur et nostalgie : Largajolli et son successeur Bergès, chapeliers, Joubert-Roche les chausseurs, Laudet le cordier, Fabius Jouve le confiseur, le tailleur Blanc, la pharmacie Vasse, la boucherie Bertrand et tant d'autres... Du marchand de nouveautés au ferblantier, de l'horloger au fruitier, ils ont marqué, par leur activité, la vie de cette rue et la mémoire des passants.

Le Fangas, rue du Four Neuf, vers 1906. Quartier populaire par excellence, le Fangas (en provençal : boueux) partage alors avec le quartier de la Porte du Moulin sa mauvaise réputation notamment du point de vue sanitaire. En 1906, le rapport, photos à l'appui, rédigé par la Commission sanitaire de l'arrondissement en dresse un tableau alarmant, décrivant « *l'aspect lamentable de quelques quartiers populeux où grouillent de nombreux habitants qui se tuberculisent, faute de soleil et d'oxygène. (...) La partie la plus basse des quartiers du Fangas et de l'Hôpital est formée par des rues ou impasses étroites, obscures et humides que traverse un ruisseau recevant les matières usées, et par des logements dont l'insalubrité et le délabrement constituent le pire foyer d'infection.* »
« *Le Fangas, hé hé hé... quand un homme allait au Fangas, sa femme était pas contente!* »

Rue du Galet, intérieur de cour, vers 1906. « *Toutes les maisons y sont basses avec un semblant de fenêtre et ont le plus souvent comme accès une petite cour de quelques mètres carrés où se trouvent entassés toutes sortes d'ordures ménagères et d'innombrables détritus dont les émanations fétides viennent infecter les chambres et appartements situés au dessus.* »

Rue du Galet et rue du Fangas, vers 1906. « *Une des conditions primordiale et essentielle pour obtenir de l'hygiène et de la salubrité, ce serait la démolition [de ces quartiers] (...) car la désinfection en est matériellement impossible.* » Il faudra attendre 60 ans pour que cette conclusion soit suivie d'effet.

III

De la Tour-Neuve jusqu'aux Vignères

Le quartier de la Tour-Neuve se développa hors les murs durant tout le XIXe siècle, dans des limites mouvantes circonscrites grosso-modo entre l'ancien moulin Crillon (conservatoire de musique), la route du Pont, le cours Bournissac et la route des Courses. Venant de Cheval Blanc ou des Bouches-du-Rhône, c'est par ici qu'on entrait en ville (actuel boulevard Gabriel Péri).

Incroyable édifice que ce très exotique immeuble bâti au coin de l'avenue de la Gare dans un style orientalisant. D'abord entrepôt d'un important liquoriste, inventeur du Bitter (puis de l'Anis) Africain, le bâtiment fut par la suite partiellement loué : l'imprimerie Lanet, le camionneur Martel y installèrent leurs locaux.

Projetée dès 1868, lors du programme d'aménagement urbain qui accompagne l'arrivée du chemin de fer, l'avenue de la Gare doit, dans l'esprit des élus de l'époque, « *devenir immédiatement le but ordinaire des promenades de nos concitoyens* ». On projette également de « *la continuer plus tard jusqu'à la place de Clos, dont le marché est déjà si important.* »

Dès 1856, le conseil municipal soutenait un projet de « *chemin de fer omnibus-wagon traîné par deux chevaux* (sic) » entre Cavaillon et Avignon « *pour le transport des marchandises, comme pour les voyageurs, [qui] procurerait l'immense avantage de rallier notre ville à la grande artère du Chemin de fer de la Méditerranée.* »

La gare des voyageurs, construite par la compagnie PLM entre 1865 et 1868, est pourvue d'une vaste esplanade, d'une salle d'attente et d'un traditionnel buffet. Le PLM emploie en 1911 une cinquantaine de cheminots : c'est l'un des plus gros employeurs de la ville.

En 1935, on peut faire du tricycle sur la route de Pertuis ! Prise à la hauteur de l'actuelle école Jean Moulin, cette photo montre bien d'une part le canal Saint-Julien, encore à ciel ouvert, qui suit la route, et d'autre part la propriété Jouve (future école) dont on voit le portail et les arbres du parc.

Le carrefour Bellevue après la construction du pont de chemin de fer (1912). Celui-ci remplace l'ancien passage à niveau qui entravait notablement la circulation, en particulier les jours de marché. Depuis, la configuration des lieux n'a pas énormément changé, mais l'intense circulation automobile d'aujourd'hui donne à cette photo un indéniable intérêt.

Les Vignères : le village vu du clocher de l'église vers 1910. A l'extrémité du territoire de Cavaillon, le hameau des Vignères est à l'époque un centre actif. Il possède de nombreux commerces où viennent s'approvisionner les fermes des quartiers alentours et il brille surtout par l'éclat de ses fêtes des vendanges.

Les Vignères, vers 1910 : partie de boules devant la maison Estratat. En ce début d'hiver, on profite des derniers rayons de soleil et même le garde champêtre est de la partie.

« Les Vignères, le pays des millionnaires! ». « C'était important à l'époque, bien plus que maintenant ! Il y avait une vie... incroyable là-bas dedans. Par exemple en 14, il y avait 5 cafés : en territoire du Thor, y avait le café de la Poste et le café d'Amérique. Ici, à Cavaillon, y avait le café Jouve, le café Moderne (c'était la famille Pellet) et puis le café de l'Agriculture ! Et pour les vendanges, il y avait 2 grands bals : de l'un on allait à l'autre. De Petit-Palais à Caumont, tu avais... 15 000 vendangeuses et peut-être plus. Dans toutes les fermes y avait 8 ou 10 vendangeuses ! Eh oui, c'était la belle époque... »

Doté d'une mairie annexe, d'une école, d'une église et d'un bureau de postes et télégraphes, le village compte en 1911 : deux boulangers, un boucher, deux coiffeurs, trois limonadiers et deux distillateurs, un maréchal-ferrant, un bourrelier, un cordonnier, un menuisier, des couturières et des repasseuses.

IV

Les trois ponts de Cavaillon

Bronze du sculpteur cavaillonnais Frédéric Viau offert par ses concitoyens à Joseph Guis (alors conseiller général) le 31 mars 1895, à l'occasion des fêtes qui célébrèrent le rachat par la ville du premier pont suspendu sur la Durance.

Niché au creux de la colline, ce domaine baptisé, pour les besoins de la carte postale, villa du *Cagnard* (actuel stade Pagnetti) bénéficie de la fécondité de la Durance voisine sans trop craindre ses crues brutales et ravageuses depuis la construction de la digue Sébastiani au XIXe siècle.

La Durance en crue et la digue Sébastiani au tout début du XXe siècle. Mouvante, capricieuse, imprévisible, la Durance transformait son lit à chaque saison. Un bras se formait là, disparaissait ici : pas facile dès lors de fixer l'implantation d'un bac, qui pourtant fut l'unique mode de communication entre Orgon et Cavaillon depuis le Moyen Age.

Au XIXe siècle s'ouvre enfin l'ère des ponts. Non sans risques : la Durance n'est pas domptée et les techniques restent insuffisantes, ce qui vaudra à cet ouvrage d'être deux fois reconstruit, en 1856 et 1885. Le péage, instauré par la société concessionnaire Seguin en 1836, lors de la construction de l'ouvrage, sera supprimé en 1895, grâce au rachat du pont par la ville.

Trait d'union (ô combien plus pratique que le bac) entre les deux départements, le pont suspendu est formé de quatre arches d'environ 75m de portée. Son tablier en bois repose sur des piles en maçonnerie prolongées par des colonnes métalliques supportant les cables.

« Par les jours emplis de lumière/ par les soirs doux des clairs étés/ vous verrez la silhouette altière/ paraître à nos yeux enchantés./ (...)/ D'un jet élégant et gracile/ enjambant le lit sablonneux/ où coule la Durance tranquille,/ le pont s'étend audacieux. », « *Ronde du Pont nouveau de Cavaillon* », J.-A. Coulanges, Bergel, 1932.

Envisagé dès avant la Première Guerre mondiale, le projet de construction d'un nouveau pont est adopté en 1925. Les travaux débutent en 1929 et vont durer deux ans. Pour déjouer les dangereuses fantaisies de la Durance, on a opté pour un pont d'une seule portée (308 m). Entièrement métallique, il est suspendu à deux pylones en béton armé de 42 m de haut.

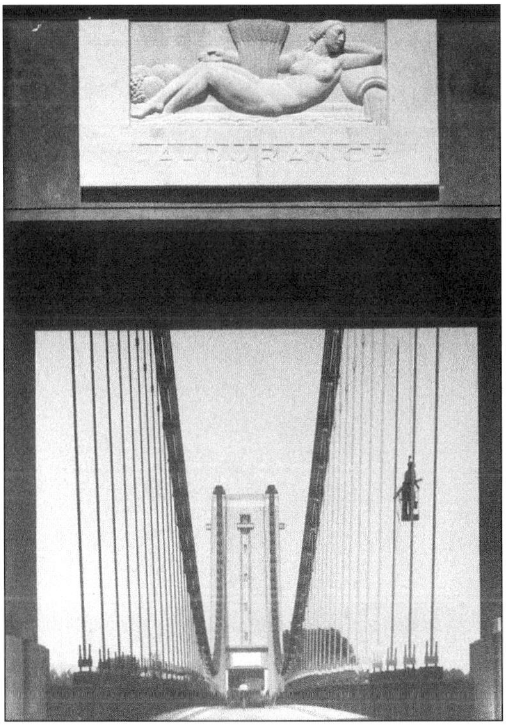

Les deux piles monumentales sont ornées de quatre bas-reliefs allégoriques confiés aux sculpteurs J.-L. L'Homme (côté Vaucluse : le Ventoux et la Durance) et J. Sartorio (côté Bouches-du-Rhône : la Durance, notre photo, et la Méditerranée). Les essais de résistance sont effectués en mai avec deux cylindres à vapeur et cinq camions d'un poids de 130 tonnes.

Le 7 septembre 1932 à 10h30, Edouard Daladier, ministre des Travaux publics, coupe le traditionnel ruban en présence notamment de Fernand Bouisson, président de la Chambre des députés, de Louis Gros et du docteur Roumagoux, députés de Vaucluse, d'Ulysse Fabre, président du conseil général, du préfet Monis et des élus de Cavaillon et Plan-d'Orgon.

« Le géant de 1932 devait avoir une bien courte existence puisque, moins de douze ans plus tard, le 24 août 1944, il s'inclinait à jamais dans un étourdissant fracas. La volonté du Génie français devait en quatorze longues années effacer ce sacrilège et aujourd'hui, c'est un magnifique pont-route qui relie les deux rives de la Durance. » le *Provençal*, février 1959.

Ce pont « ultra-moderne » est inauguré le 13 février 1959. De gauche à droite : messieurs Rumpler (directeur général des routes de France), Masse (président du conseil général des Bouches-du-Rhône), Mitifiot (maire de Cavaillon), Mazo (député), Geoffroy (sénateur), Bérard (député) et Dorge (inspecteur général des Ponts et Chaussées).

V
La mémoire des pierres

La chapelle Saint-Jacques veille depuis le XIIe siècle sur la ville blottie à ses pieds. Sa cloche sonna jusqu'au XIXe siècle pour prévenir les Cavaillonnais de toutes sortes de dangers : orages, incendies, inondations, passage de troupes armées ou de brigands... L'érudit historien André Dumoulin (à gauche) semble la flatter amicalement sur cette photo des années 1930.

La chapelle Saint-Jacques tombait en ruine dans l'indifférence générale au tout début du siècle. Gustave Bayle en décrivait en 1902 « *l'état affreux d'abandon, de dégradation, de malpropreté (...) dont l'aspect serre le cœur.* »

Intérieur de la chapelle au début du XXe siècle. Grâce à l'action de M.-T. Jouve, la chapelle fut classée Monument historique en 1911. L'inventaire de son mobilier mentionne notamment un portrait du XVIIe siècle représentant César de Bus, fondateur de la congrégation de la Doctrine chrétienne et ermite de Saint-Jacques à la fin du XVIe siècle. Dès le XIVe siècle, en effet, les bâtiments édifiés contre le flanc sud de la chapelle accueillirent un ermite rétribué par la ville (une robe d'ermite tous les ans !) : il avait pour charge de sonner la cloche en cas de danger venu de la plaine.

Réparations au clocher de Saint-Jacques, octobre 1906. Frêle vigie postée depuis des siècles au bord de la colline, Saint-Jacques est intimement lié à l'histoire des Cavaillonnais. Son chemin escarpé fut gravi par nombre de personnages de renom et bien plus encore d'anonymes. La tradition se plaît ainsi à rapporter que François 1er, le cardinal Charles de Lorraine, le duc et la duchesse du Maine ou encore le comte de Provence montèrent le chemin de Saint-Jacques pour y faire leurs dévotions. Plus près de nous, en 1912, Frédéric Mistral a célébré le site par quelques vers en « *lenguo nostro* » gravés dans le rocher :

« *Lou camin de Sant Jaque au paradis nos meno :*
souven-te-n'en, Cavaiounen !
E respèto lis aubre e flour de touto meno
que lou bon Diéu semeno,
Se vos qu'en paradis longo-mai caminen. »

L'arc romain vers 1880 après son installation sur la place du Clos. La propriété Rousset, dont on voit le mur d'enceinte en arrière-plan, sera rachetée peu après par la ville pour agrandir l'esplanade.

Initialement situé au sud de la cathédrale, l'arc romain était enchassé dans les bâtiments de l'ancien évêché et à demi enterré. Dégagé entre 1830 et 1857, il reste mal mis en valeur, ce qui conduit les édiles à envisager son transfert. Le devis de l'architecte des Monuments historiques présente le projet : « *Cet arc serait assis sur une grande plateforme en pierre de Bonnieux, élevée de deux marches, et au milieu d'un square dont les arbustes seraient disposés de façon à permettre d'étudier les sculptures et les profils de cet intéressant monument.* ». L'arc romain est rapidement intégré dans les pratiques : sur ce cliché de 1884, on y cause, on y mange et... on y étend son linge!

La cathédrale et l'école maternelle en 1928. Cette belle vue, prise depuis la cour de l'école, est une éloquente illustration de la violente querelle entre conservateurs cléricaux et partisans de la laïcité qui secoua Cavaillon au début du XXe siècle. Celle-ci s'exerça sur toutes sortes de fronts, dont le plus lisible à l'heure actuelle reste celui de l'urbanisme. Une série de renominations de rues desservant le quartier substitua des noms de philosophes des Lumières (Voltaire, Diderot) ou de républicains laïques (Jules Ferry) à des noms « de l'autre camp » (Notre-Dame, César de Bus, Saint-Véran). Parallèlement, la construction de la très moderne école maternelle en 1912, « contre la cathédrale », fut conçue comme une profession de foi laïque et républicaine.
Cette école communale lumineuse et fonctionnelle consacrée aux tout-petits, sise au cœur même de la cité, constituait indiscutablement un progrès par rapport à la vétuste et malcommode « salle d'asile » aménagée au XIXe siècle dans les locaux de la Charité, cours Victor Hugo. Mais en même temps, l'application était tout sauf fortuite : ce long alignement de toilettes occultant en partie les trois arcades de l'ancienne église Saint-Pierre (démolie au XVIIIe siècle) a vraiment valeur de symbole.

Cathédrale : vue de la façade nord depuis les combles d'une maison de la rue Diderot, en 1902. Cette façade présente une étonnante frise historiée de 20 bas-reliefs. Elle est probablement un réemploi, pour la cathédrale du XIIe siècle, de sculptures de l'édifice du Xe siècle. Un sonneur de cor, Adam et Eve, l'Agnus Dei, un chien, deux griffons, un bœuf, deux roues, des guerriers, un chasseur, une sirène, se succèdent ainsi, sans ordre apparent, le remontage de ces éléments n'ayant vraisemblablement pas respecté l'ordre original.

Le cloître en 1928. Vision inhabituelle mais très rafraîchissante du cloître à la végétation luxuriante de bambous, yuccas et palmiers, protégée par des grilles aujourd'hui déposées.

L'hôtel de ville, bel édifice construit entre 1749 et 1755 à l'emplacement de l'ancienne maison commune, fut agrandi et remanié à plusieurs reprises, notamment en 1895, époque où l'on prolongea à l'identique sa façade nord et où fut construite la très belle verrière côté sud.

Le péristyle est pavoisé en avril 1912 pour une exposition agricole régionale célébrant l'asperge. Aux dires des conseillers municipaux, Cavaillon est en effet « *incontestablement le plus grand marché d'asperges du monde entier* ». De fait, on se propose d'effectuer une publicité monstre en « *Suisse, Allemagne, Suède, Norvège et Angleterre.* »

Contemporain de la création du canal qui l'alimente (XIIe siècle), le moulin à blé, dit de Saint-Julien, fut propriété des évêques de Cavaillon jusqu'en 1728, où la ville s'en rendit acquéreur. Il devient propriété des hospices après la Révolution et est transformé en usine électrique au tournant du siècle, puis en usine à glace (glacières Martin).

L'aqueduc de la Canaou au début du siècle. Modèle étonnant du génie hydraulique cavaillonnais, la Canaou fut construite sur la rivière du Coulon aux alentours de 1540 par le baron d'Oppède. Cet aqueduc en bois, soutenu par une arche en pierre, permettait le franchissement du Coulon par le canal Saint-Julien et l'irrigation de nouveaux quartiers.

Ci-dessus, la porte de la chapelle du Grand-Couvent à la fin des années 1950, avant la restauration de l'édifice. Saint Benoît, au faîte de cette belle porte, rappelle que le Grand-Couvent abritait l'ordre des Bénédictines.
A droite, le passage de la Synagogue en 1900. L'escalier de la synagogue, initialement construit sur la rue, perpendiculairement à la terrasse de l'édifice, vient d'être déplacé.

La chapelle de l'hôtel-Dieu en 1928. Les grilles forment un enclos sévère autour de cette chapelle transformée en musée lapidaire par M.-T. Jouve. L'herbe pousse sur le parvis et le petit bâtiment de l'ancienne morgue, au fronton duquel on lit « *Requiescant in pace* », n'a pas encore été démoli.

La statue de Castil-Blaze peu après son installation (1894). Une grille en fer forgé fut bientôt installée pour préserver le monument des facéties des mauvais plaisants : le pauvre homme avait été retourné sur son socle et arborait un panneau disant « *J'en avais marre de voir Créange, maintenant je veux voir Joli-Cœur.* » (allusion à deux commerçants du lieu).

Le monument Gambetta est inauguré en 1907 sur l'ancienne place de la Couronne. Une comtadine de bronze se penche avec attention sur le buste en pierre de « l'auguste tribun ». C'est une très belle œuvre du maître-sculpteur Charpentier à qui l'on doit également le monument du centenaire du rattachement du Comtat à la France (Avignon).

Monument aux Morts de 1914-1918. Commandé au sculpteur Jules Jouant (Neuilly-sur-Seine) en mai 1920, cet ensemble en marbre représentant la Victoire soutenant la France en deuil rend hommage aux 378 Cavaillonnais morts dans le conflit. Jugé « *très cher et peu durable* », fragile au point « *qu'il faudrait mettre les ailes de l'ange sous cloche* », le projet reçoit pourtant l'agrément du ministère de l'Intérieur en mai 1922. Terminé fin 1923, le monument prend place au cimetière des Condamines.

La construction de ce marché couvert, à l'emplacement des maisons et des arcades ouest de la place aux Herbes, est décidée en 1928. Réservé à la vente au détail, il est « *impatiemment attendu par la population* » qui espère payer moins cher les denrées. Terminée en 1930, cette installation n'aura qu'un bref succès et finira par être absorbée par l'école maternelle voisine.

Maquette du carrefour Gambetta. Dès 1954, la municipalité envisage le réaménagement de la place, un nouveau monument remplaçant le buste du tribun. Le projet est confié en 1956 à l'architecte Guidoni qui propose un polyèdre de Pythagore en verre trempé, « *figure représentant la pureté, l'harmonie, l'équilibre, l'absolu de la juste mesure.* »

Le polyèdre sous la neige, en 1962. La réalisation du motif en verre trempé s'avérant trop coûteuse, le travail est finalement confié à un fondeur marseillais, Eugène Roure, qui réalise le polyèdre de bronze et l'installe sur les lieux, fin 1959.

VI
Gens de la terre

Sur fond de haies de cannes et de cyprès (deux éléments qui structurent le paysage agricole cavaillonnais depuis des siècles), madame conduit le premier tracteur (à chenilles) de l'exploitation (vers 1935).

Construction de la prise d'eau du canal Saint-Julien en Durance (années 1930). Régulièrement emportée par les violentes crues de la rivière, la prise était reconstruite par les ouvriers du canal. Ici au niveau de la Font du Pin, ils montent l'ouvrage fait de pieux, de pierres et de fascines (fagots).

Les ouvriers du canal Saint-Julien et, en arrière-plan, la prise d'eau (années 1930). L'agriculture à Cavaillon fait immanquablement référence à l'irrigation et au réseau serré de canaux et *filioles* qui alimentent chaque parcelle du terroir comme autant de veines nourricières.

Deux très belles photos de Louis Comte, agriculteur aux Vignères. Ici, une ferme du quartier de la Garenne, vers 1910. Les terres sont protégées du mistral par une haie de cyprès au nord, et délimitées par des haies de cannes.

Photo de groupe au melon, à la fin des années 1920. Les parents, leurs trois fils et les épouses de ceux-ci posent avec les ouvrières, tandis qu'un joyeux drille brandit un beau spécimen de melon prêt à régaler l'assistance.

A l'autre bout du terroir, du côté de Cheval-Blanc, deux photographies extraites d'une très belle série prise par G. Carretier dans les années 1930 illustrent la culture du melon. Au pied du Luberon, le champ s'étire entre les traditionnelles haies de cannes. On s'apprête à repiquer les jeunes plants de melon en pleine terre. A droite s'empilent les chassis vitrés.

Sous les chassis... le melon. Ces grands cadres de bois vitrés, alignés avec précaution sur chaque raie, sont autant de serres protégeant la jeune plante des humeurs du temps et concentrant les bienfaits de la chaleur sur ce fruit du soleil.

La petite Maryse pose avec sa tante le long des couches de melons installées tout contre les cyprès, en 1946. Jacqueline aide sa mère à dresser la *sebisse*, la fameuse haie de cannes, protection omniprésente sur tout le terroir (vers 1940).

Les melons sont mûrs. Chargés dans des corbeilles, les fruits récoltés vont rejoindre Cavaillon en *jardinière*, la charrette des paysans.

Moisson au quartier des Arcoules vers 1939. « *Ça, le foin, quand on le mettait dans la grange, qu'on rentrait ce foin chaud, ah ! Moi je m'étouffais, là ! Je pouvais pas rester ! J'étais malheureuse hein !... Et pourtant on le faisait, on était obligées de le faire. Alors ils nous envoyaient de grandes fourchées de foin et nous on le montait, on le faisait passer dans la grange. Maintenant, ils ont des monte-charges, mais à l'époque, c'était nous le monte-charge...* »

Foulage sur l'aire de la bastide en 1939. On aperçoit le rouleau de pierre tiré par le mulet. « *Le travail était pénible... Les hommes, quand ils étaient derrière les chevaux, là, toute la journée : passer une fois le griffon, une fois la herse, une fois le rouleau... ils y étaient tout le temps, les chevaux, tout le temps...* »

Une ferme aux Vignères vers 1910. C'est l'habitat rural caractéristique avec la grande maison tout en longueur prolongée encore par une grange, la treille qui court le long de la façade exposée plein sud, et deux ou trois grands arbres, le plus souvent des platanes, qui ombragent une partie de la cour.

Grimpé sur le *cavalet* (chevalet), ce paysan des Arcoules rabat les branches de pêcher (décembre 1939). Traditionnellement et très anciennement cultivé à Cavaillon, le pêcher a peu à peu cédé la place aux pommiers.

Vendanges aux Vignères, vers 1910. Des centaines de vendangeuses venues notamment des villes minières d'Alès et de la Grand-Combe faisaient chaque année « exploser » la population des Vignères. *« Pour les vendanges, on était vingt à table : on avait 12 ou 15 ouvrières... j'ai eu lavé 40 draps, et à la main, hein! »* Beaucoup sont restées après avoir épousé un gars du pays.

Pause rafraîchissante dans les vignes : c'est l'heure de la pastèque (années 1930). *« Moi, ici, j'ai mis au moins dix ans pour connaître toutes les variétés que nous avions ! On avait des olivettes, on avait des cinsaults, on avait des admirables, du gros-vert, du chasselas. »*

Les vendanges sont souvent le prétexte de photos de groupe glorifiant la vigne et le vin. Autour d'un artistique alignement de bouteilles, de verres et de pots de géraniums, la famille pose avec ses outils de travail : les petits ciseaux de vendanges et une grappe de ce raisin dont on est si fier.

Plus décontractés, ces joyeux compères trinquent en pleine vigne. Les messieurs en col dur et cravate, avec leurs ouvriers en chemise, lèvent leur verre à une bonne récolte.

A gauche, vers 1900, les deux vieilles tantes portent la coiffe. A droite, la grand-mère au poulailler, vers 1940. « *On veillait presque tous les soirs chez les voisins. Les messieurs faisaient la manille et nous on tricotait, on brodait, on parlait. On portait chacun son souper et on mangeait ensemble. On faisait beaucoup de pâtisserie : on faisait les oreillettes, les pets-de-nonne, les tranches dorées (on gaspillait pas le pain, malheureux! Le pain c'était sacré !).* »

La petite fille et ses chèvres, cour de ferme au pied du Luberon, vers 1940.

VII
Une cité industrieuse

Le melon de Cavaillon cristallise les notions de fécondité d'un terroir, d'opulence de ses marchés, d'intensité des échanges commerciaux. Cette véritable image d'Epinal, mise en scène par un éditeur de cartes postales, en est la plus belle expression : les énormes *cavaïounen tranchat* (melon dit « tranché ») sont plus vraisemblablement des courges...

Le marché de la place du Clos. « *Le marché, c'était au Clos, là-bas. Tous les jours, toute la matinée. On venait vendre les produits du jour... enfin, ce qui était mûr, quoi ! On le vendait au fur et à mesure. Nous, on faisait surtout « le jardinage de Cavaillon » comme on l'appelle : melon, tomate, courgette, haricot.* »

Quotidien au Clos pour les maraîchages, le grand marché est hebdomadaire pour tout le reste, le lundi, et s'étend dans toute la ville : les volailles à Castil-Blaze ; les cochons à la Tour-Neuve ; brebis et agneaux, cours Gambetta ; les chevaux, place de l'Hôpital et les raisins, place Gambetta.

Le marché aux melons au début du siècle. C'est l'image la plus pittoresque de nos marchés et elle a de quoi séduire. Les fruits s'amoncellent en pyramides pantagruéliques au pied des *jardinières* ou bien sont sagement rangés dans leurs *banastes* (grandes corbeilles d'osier à deux anses).

Les *banastes* autour de l'arc romain, années 1930. Arrivés dans la nuit sur la place du Clos, les producteurs déchargent leurs marchandises avant d'aller garer leurs véhicules dans les multiples remises des alentours : chez Dongier, au Grand-Terreau, chez Ferland. En attendant l'ouverture du marché, ils occupent leur QG : l'un des nombreux cafés du Clos.

Le marché du Clos dans les années 1930 : cet extraordinaire alignement de colis donne la mesure de l'importance des transactions qui se tenaient chaque lundi au Clos. La foule des producteurs s'est groupée le temps d'une photo de part et d'autre de la place, laissant la vedette aux produits du terroir.

L'emballage des raisins dans une ferme des Vignères au début du siècle. Les grappes du raisin de table destiné à l'expédition sont conditionnées avec soin dans des corbeilles revêtues de papier. Le travail se fait en famille avec les ouvrières saisonnières.

L'emballage des oignons chez Gontier, cours Bournissac, vers 1910. Autour de la patronne en chemisier blanc et de l'expéditeur Louis Trias (debout au premier plan) qui étiquette les colis, les employés emballent les monceaux d'oignons dans des *banastes* habillées d'une protection de papier journal.

« On emballait les légumes, les fruits, tout... C'était plaisant, ça, surtout quand on allait un peu aux fruits, qu'on pouvait en manger un peu... Ah, coquin ! »

Dans la seconde moitié du XIXe siècle, avec l'élargissement des marchés et les techniques nouvelles de l'emballage, le producteur ne peut plus assurer lui-même la commercialisation de ses produits. On assiste alors à la naissance d'une activité commerciale nettement différenciée de la production et directement héritée des anciens courtiers en soie ou en garance : l'expédition.

Le travail des expéditeurs consiste à collecter une partie de la production locale des maraichers puis à vendre celle-ci au loin, sur les marchés de consommation. Le recensement de 1911 dénombre une quarantaine de maisons d'expédition qui font travailler chacune une nombreuse main-d'œuvre saisonnière : *« Et l'été, les fruits remplaçaient le charbon. Mais ça, c'était le travail des femmes : il y avait une équipe, là, qui emballait, et nous les hommes, on chargeait les camions. Après, il fallait les porter à la gare et allez : charger, décharger, c'était notre travail ! »*

Les ouvrières de la filature de soie Guende vers 1905. La filature Guende du faubourg des Condamines est restée près d'un siècle la plus importante fabrique de Cavaillon. Elle employait une main-d'œuvre exclusivement féminine et souvent très jeune : *« On entrait chez Guende... et on y restait jusqu'au mariage. »* Sur cette photographie sont réunis cinq membres de la même famille : le père, contremaître, la mère, contremaîtresse, et les trois filles, ouvrières.
L'industrie de la soie fut florissante au XIXe siècle, grâce à la présence conjuguée d'une importante production locale de cocons et de l'énergie hydraulique offerte par les multiples canaux. Mais cette activité a fortement décliné. Au début du XXe siècle, les grands secteurs manufacturiers cavaillonnais sont étroitement liés à la production agricole : il s'agit des chardons cardères (Maisons Chenel et Duckers), de la layeterie (fabrique d'emballages pour le conditionnement des produits maraîchers) et surtout de la fabrication de boîtes de conserves. Cette activité, qui tient à la fois de la ferblanterie et de l'activité métallurgique, est représentée dès 1897 par la Maison Biscarrat, bientôt absorbée par une entreprise à capitaux extérieurs pour devenir l'usine Vinatié (route des Courses). L'établissement est modernisé et connaît une grande extension : en 1911, il occupe 57 salariés dont 3 mécaniciens et 24 ferblantiers et sertisseurs. C'est alors l'entreprise la plus importante de Cavaillon.

« *Tous pour un, un pour tous* » : les cheminots du PLM en grève, en 1920. Rares sont les témoignages des conflits sociaux qui ont secoué le monde du travail cavaillonnais. La grande grève de 1904, à l'usine Vinatié, trouve largement écho dans la presse de l'époque mais on n'en garde aucune illustration. Cette très belle photo de groupe, prise au pied de la colline, probablement au théâtre de verdure (actuel théâtre Georges Brassens), illustre un épisode célèbre de l'histoire du mouvement ouvrier vauclusien : les grèves de 1920.

L'immédiate après-guerre voit se développer, en Vaucluse comme en France, une poussée révolutionnaire qui se traduit, à l'initiative des cheminots, par un mouvement de grève à l'appui de revendications portant tant sur leurs conditions que sur leur outil de travail (statut, 8 heures par jour, nationalisation des réseaux). Après deux semaines de grève, les dirigeants syndicaux sont arrêtés (dont le cheminot cavaillonnais René Bedeaux). Une centaine de cheminots du département seront révoqués.

Pour l'heure, ils posent gravement, tout empreints de l'importance de leur cause. Certains sont venus avec les enfants, d'autres avec leur compagne. Peut-être ce cliché conclut-il un rassemblement sur la place du Clos voisine...

La boucherie Clareton, rue de la Brêche, vers 1910. Les patrons peuvent être fiers de leur établissement (voyez comme la patronne saisit crânement une épaule d'agneau) qui emploie 4 personnes et présente une superbe devanture où se mêlent gibier, volailles, agneaux et saucissettes. Quelques clientes se sont jointes au groupe.

La boucherie Carle (ex-Gautier), place aux Herbes, vers 1920. Le petit commerce de l'alimentation, du boucher au cafetier, est en nette expansion. En 1911, on compte 189 établissements (dont 66 cafés-restaurants ou hôtels) contre 128 en 1852. La belle devanture de la boucherie Gautier, qui partageait avec Gambet (place du Clos) une légendaire notoriété, a disparu dans les années 1920, lors de la démolition des pâtés de maisons à arcades bordant l'ouest de la place aux Herbes.

L'une des deux boulangeries des Vignères vers 1910. Le rendez-vous des dames... après la messe ?

Les Vignères : épicerie-boucherie François Villion, vers 1910. Dépôt de paille, articles de chasse, représentant des célèbres manufactures de Saint-Etienne... cet épicier au nom de poète vendait de tout ! On remarquera la très belle devanture et l'artistique mise en scène des balais et des pièces de boucherie.

La Maison Fournier aux Vignères, vers 1910. A l'enseigne des fameux cycles Griffon, monsieur est horloger et marchand de cycles, madame, modiste.

Ci-dessous, à gauche, le chausseur Jauffret et sa famille posent devant leur magasin, rue Raspail, à la fin du XIXe siècle. Ci-dessous, la cordonnerie de Charles Dauphin, 7, cours Gambetta, avant 1914.

L'horlogerie-bijouterie d'Auguste Mousquet, devant l'hôtel de ville. Le bijoutier (à droite) et son épouse Marie, née Duplastre (au centre), posent avec famille et employés. Quel vieux Cavaillonnais ne conserve pas encore aujourd'hui une boîte ou un écrin estampillés « *Mousquet* »?

Vers 1900, chez Goudard, cours Victor Hugo, on trouve *le Figaro* ou *l'Humanité*, *la Libre Parole* ou *l'Eclair*, *le Matin* ou *l'Action Française* et, bien sûr, *le Petit Marseillais*... Vers 1935, trois générations de femmes posent devant le magasin de confection de madame Gardet, rue de la République.

Le garage de Barthélémy Bastide, cours Gambetta, vers 1910. « *Lorsque la première moto est arrivée, le père Bastide dit à son voisin, le docteur Cabanes :* « Tu peux l'essayer, si tu veux ! » *Alors, ils le mettent dessus... mais ils avaient oublié de lui dire comment freiner : il a jamais pu s'arrêter, il a fait le tour de Cavaillon jusqu'à ce qu'il n'y ait plus d'essence !* »

La voix de la modernité ! François Félix, électricien rue Chabran, présente son plus beau téléviseur (années 1950).

VIII
Hommage à Gambetta : le 4 septembre 1907

Le mercredi 4 septembre 1907, jour anniversaire de la IIIe République, Cavaillon voit l'une de ses plus folles journées du siècle avec l'inauguration de l'imposant monument « expiatoire » dédié à Gambetta. Des milliers de personnes envahissent les cours et suivent le cortège officiel.

Lors de la campagne législative de 1876, Gambetta avait dû fuir la ville sous la menace de centaines d'agitateurs royalistes et conservateurs venus l'empêcher de parler et décidés, pour certains, à lui faire un mauvais parti. Véritable épine au cœur des Républicains vauclusiens, cet épisode voit sa réparation trente ans plus tard avec ce monument dédié au grand tribun.

Privé depuis 1943 de la Comtadine et de l'urne en bronze réquisitionnées par les Allemands, le buste fut libéré de son imposant piédestal à la fin des années 1950 et témoigne toujours, quoique plus discrètement, de l'hommage de 1907.

A 10 h, ce matin-là, Emile Loubet, ancien président de la République, Gaston Thomson, ministre de la Marine, Henri Brisson, président de la Chambre des députés, Eugène Guérin, vice-président du Sénat, Gustave Robinet, président du conseil général, Joseph Reinach, président des Anciens amis de Gambetta, sont accueillis à la gare par le maire Joseph Guis.

Ce brillant cortège va tout d'abord inaugurer le nouvel hôpital-hospice, vaste et moderne ensemble bâti au pied de la colline pour remplacer l'hôtel-Dieu et l'hospice de la Charité. « *Ma grand-mère m'a dit : Demain, y a toutes li grossi teste qui vont venir inaugurer l'hôpital. Je m'en rappelle comme si c'était hier! J'avais quatre ans.* »

Le « banquet démocratique » de la place du Clos réunit 1 200 convives. Au menu, melons glacés de Cavaillon et vin rouge de Cavaillon-les-Vignères. Après Jules Belleudy, préfet de Vaucluse, Joseph Guis prend la parole : « *Je salue d'avance cette statue que, de génération en génération, les pères montreront à leurs enfants (...)* »

A 16 heures, Maurice Accarie, conseiller général, remet le monument à la ville, au nom du comité Gambetta. A la tribune, dressée devant l'hôtel Moderne, les discours se succèdent. Musique et salves d'artillerie viennent compléter cette historique journée républicaine.

IX
L'empreinte des guerres

Une silhouette casquée se détache, son arme à la main ; derrière un arbre du cours Gambetta on distingue un groupe de soldats ; dans le reflet de la glace, un autre groupe en armes. Cette extraordinaire photo fut prise clandestinement par Jean Bastide, depuis l'intérieur de son magasin, en mars 1944, quelques semaines avant son arrestation.

Peu de souvenirs subsistent de la Première Guerre mondiale à Cavaillon. Pourtant, ville de garnison, celle-ci accueille de nombreux et importants détachements dès 1915. Le nouvel hôpital, inauguré en 1907, abrite les soldats blessés et convalescents. Les 38 tombes du carré militaire du cimetière témoignent de cette présence.

L'élan de solidarité de Cavaillon pour son « filleul » sinistré des Ardennes, Vieux-les-Asfeld, lui valut, bien éphémèrement il est vrai, le nom d'une place publique. Entre 1919 et 1922, la ville envoya en effet fonds et colis, organisant quêtes et manifestations dont un match contre l'Olympique de Marseille en octobre 1919.

Ce Cavaillonnais mobilisé dans une unité de blindés pose lors d'une permission devant le photographe Chardon (cours Bournissac) qui invitera les autres soldats à en faire autant en exposant ce beau portrait dans sa vitrine. En Allemagne, un prisonnier de guerre cavaillonnais de l'*Oflag* VI.A travaille sur une installation électrique.

Cliché insolite de la vie des camps de prisonniers en Allemagne : une exposition de photos d'enfants, leurs enfants, est organisée dans un baraquement avec des moyens de fortune ; le contraste avec le cadre est saisissant.

L'Occupation à Cavaillon : passage de soldats allemands cours Gambetta en mars 1944 (photographie prise par Jean Bastide depuis l'intérieur de son magasin).

Vue du train de munitions qui explosa le 24 août 1944, touché par un bombardement allié. Cette explosion endommagea une partie des tombes du cimetière des Condamines le long duquel le convoi était stationné. Un rapport d'expert des années 1950 lui attribua même une fissure sur la façade de la chapelle du Grand-Couvent.

La fin tragique d'un géant. Le 24 août à 2 h 15 du matin, Cavaillon est ébranlé par une énorme détonation : « ils » ont fait sauter le pont suspendu sur la Durance pour tenter de freiner l'avance des troupes alliées. Mais le tablier du pont s'affaisse dans le lit d'une rivière en plein étiage et n'empêchera nullement leur passage. Le géant est mort pour rien!

L'arrivée des camions alliés. « *Il n'y avait plus de pont pour ainsi dire, mais la Durance était à sec alors, ça ne les a pas empêchés de passer. Vous savez, on tapait dans les mains de les voir arriver, vous comprenez ? Nous, ils nous donnaient des boîtes de confiture ! Vous pensez si on les prenait, nous, qu'on était privés… et qu'on était jeunes…* »

1er novembre 1944 : obsèques publiques des fusillés du plateau des Abeilles (Monieux). Les corps des huit Cavaillonnais exécutés par la *Gestapo* le 4 juillet 1944 : René Baille, Jean-Louis Bastide, René Grimaud, Robert Héraud, Louis Labadie, Désiré et Maurice Montagard, ainsi qu'un homme non identifié et baptisé « Plateau » sont accompagnés par la population.

Le convoi funèbre, escorté par les FFI en armes, traverse la place Gambetta.

Au cimetière des Condamines, devant le monument aux Morts, le salut du capitaine Bicheron. A gauche de la photo, le docteur René Lamouroux, conseiller municipal, membre du Comité départemental de Libération, responsable du Service social des résistants de Vaucluse durant la guerre.

Jean Bastide (1902-1944). Garagiste cours Gambetta, il se distingua par son action associative. Il fut l'un des fondateurs de l'Auto-Moto Club, de l'Aéroclub et présida l'association des Amis du Vieux-Cavaillon. On lui doit les deux étonnants clichés de manœuvres des troupes d'occupation, pris depuis l'intérieur de son magasin. Victime des rafles de la *Gestapo* en juillet 1944, quelques semaines avant la Libération, il ne vit jamais ces photos retrouvées dans l'appareil après sa disparition.

HONORONS NOS MORTS !

Le Comité Local de Libération, les F.F.I., F.T.P.F., le Front National, le Parti Communiste Français, les Jeunesses Communistes, le parti S.F.I.O., le parti Radical-Socialiste, l'Union Locale des Syndicats Ouvriers, invitent la population laborieuse de Cavaillon à assister aux obsèques officielles de trois membres actifs de la Résistance tombés victimes de la Gestapo,

Abel SARNETTE, Michel RAPHAEL, Yvon DARIÈS

qui auront lieu le **Jeudi 28 Septembre,** à 10 heures.

On se réunira dans la cour de l'Hôpital.

Appel paru dans le quotidien *Cavaillon Libre* du 26 septembre 1944.

Notre regretté concitoyen
Abel SARNETTE

Abel Sarnette (1909-1944), agriculteur, adhère au Parti Communiste à la fin de 1940 et se consacre à l'organisation de la Résistance locale. Il héberge de nombreux clandestins et travaille à constituer le premier maquis des monts de Vaucluse. Dénoncé, il est arrêté avec d'autres camarades le 27 mars 1944, torturé et fusillé.
Raphaël Michel (1894-1944), président du Syndicat des patrons coiffeurs, est conseiller municipal de 1925 à 1940. Arrêté par la *Gestapo* en juillet 1944, il est détenu à l'hôtel Splendid. Le 14 juillet, il est emmené par les *Waffen SS* avec 8 autres détenus et exécuté non loin de la gare de Cadenet.
Yvon Dariès (? -1944), arrêté à Cavaillon le 2 août 1944, fut l'un des premiers membres des Groupes-Francs. Le récit insoutenable de son calvaire à l'hôtel Splendid a été rapporté par J. Ten, en 1979, dans le cadre d'une collecte de témoignages sur la Résistance.

X
Portraits cavaillonnais

Photographes amateurs ou professionnels, ils ont dressé une superbe galerie de portraits, du célèbre à l'anonyme, du paysan au rentier, de l'enfance au grand âge, qui nous permet de mieux cerner aujourd'hui ce que fut le Cavaillonnais d'hier.

Aimé Boussot (1812-1904), issu d'une lignée d'officiers de santé et fervent républicain, voua son existence à la médecine et à la politique. Entré au conseil municipal à 28 ans en 1840, il préside le Comité républicain de 1848 à 1849. Arrêté et emprisonné après le coup d'Etat du 2 décembre 1851, il revient au devant de la scène politique avec la IIIe République et est maire de 1870 à 1874 et de 1888 à 1892. Ses obsèques, en 1904, sont suivies par une population endeuillée se remémorant le « *bon docteur Boussot* », « *témoin actif de presque tout un siècle de l'histoire de Cavaillon* » (Michel Jouve, « *Notice biographique sur le docteur Boussot* », 1904).

Joseph Guis (1862-1943) est notaire rue des Taillades. Conseiller général à la fin du XIXe siècle, il s'attache la population cavaillonnaise notamment par les efforts qu'il dispense pour obtenir le rachat du pont suspendu (1895). En 1905, à l'issue d'une féroce campagne électorale contre le maire sortant Véran Rousset, Joseph Guis, candidat républicain, franc-maçon et radicalement anti-clérical (on le surnomme « le pape rouge »), est élu maire. Il le restera trente ans. Elu l'année de la séparation des Eglises et de l'Etat, maître Guis s'attache à la nouvelle organisation des écoles laïques (construction de l'école maternelle et de Castil-Blaze), à des projets d'aménagement urbain privilégiant l'hygiène et la santé, sans négliger l'équipement des campagnes (modernisation des routes, électrification). Il meurt en 1943.

Les sapeurs-pompiers sous la verrière de la mairie au début du siècle. Créé en 1845, le corps des sapeurs-pompiers fut notamment dirigé par le lieutenant Minel (1922-1932), le commandant Martel (1932-1955) et Georges Monin (1955-1963).

Les sapeurs-pompiers vers 1932. Au 1er rang, de gauche à droite : Triollaire, Michel, Martel, F. Achard, Bellue. 2e rang : l'adjoint au maire Jauffret, X, X, Biava, Pizzeta, X. 3e rang : Lamant, Faure, Roman, Balme, Cebe.

Joseph-Georges Viau, photographe amateur à la fin du siècle dernier, est le frère du sculpteur Frédéric Viau. On lui doit une série de portraits, pleins de vie et d'humour, de la bonne société cavaillonnaise : rentiers, membres de cercles, amis et famille. « *Je ne fume que du Nil* » dit l'homme à la chéchia, parodiant une publicité célèbre de l'époque.

Frédéric Viau (2e à gauche) et ses amis, sur la terrasse de la maison familiale.

Frédéric Viau et Georges Barroyer, le gérant du Grand café Riche. A droite, un souriant et anonyme « jeune homme à la brouette ».

« Pigeon-vole » autour d'un guéridon de jardin.

Louis Comte (1891-1976), « *Photographe à domicile, maison de confiance, prix fixe* ». Agriculteur aux Vignères, réformé en 1914, voici un autre photographe amateur passionné qui va en quelques années dresser une belle galerie de portraits. A côté des travaux de la ferme, il photographie les familles des alentours qui souhaitent envoyer une image des êtres chers aux hommes partis au front. Des centaines de Vignèrois - surtout des Vignèroises - prendront ainsi la pose devant son appareil itinérant.

Ci-dessous, à gauche, photo de famille devant la *sebisse* : les parents, la femme, le fils semblent chacun envoyer un message différent à l'homme de la maison parti à la guerre.
Ci-dessous, les grands-parents se sont faits beaux, lui avec sa *blaude* par dessus son veston, et elle avec sa coiffe de comtadine soigneusement nouée.

La *bugade* (lessive) à la ferme : « *Il y avait un lavoir et puis on avait de grandes bassines mais on n'avait pas l'eau : il fallait pomper. Alors là, les hommes nous pompaient l'eau, voyez, à midi quand ils revenaient à l'heure du repas. Et on avait le fourneau pour faire chauffer la lessive. Et puis alors! C'était des draps hein ! Pas ceux de maintenant! Oh là là !* »

Femmes pauvres ou plus aisées, mais seules pour mener la ferme. La mère et son bébé ont le fort hâle des travailleurs des champs (les autres enfants vont à l'école). Ailleurs, dans la cour, les corbeilles vides sont comme la promesse du raisin à venir. Tous ont la même intensité du regard, portant tout ce qu'il faut bien dire à papa.

Petites filles, l'école, les fêtes patronales, l'éducation religieuse ont rythmé leurs jeunes années. Ici, pour la communion solennelle de 1935, elles posent devant le portail de la cathédrale avec, de gauche à droite, l'abbé Firmin, le curé doyen Laforce et l'abbé Rieu.

Juliette et Germaine posent pour la distribution des prix de 1911 habillées en Alsaciennes. La paysanne et le petit chaperon rouge se rendent au bal costumé organisé à l'hôtel Moderne en 1946 (pour les enfants des prisonniers de guerre ?).

a droite
Catherine Port-Livet -
née Zaccarelli.

Portrait, photo-souvenir, les photographes cavaillonnais ne chôment pas : Ganda, cours Bournissac (futur Tarnand), photographie les reines du Corso, les jeunes mariés, les écoliers, les paysannes venues prendre la pose le temps d'un marché, toujours dans le même décor de jardin romantique ; Choquet (cours Gambetta) possède un « style » et un réel talent de portraitiste. *« Choquet il était bon… trop bon photographe d'ailleurs, il a été obligé de quitter Cavaillon ; c'était un artiste.* » Le bruit court que l'artiste faisait « du nu »… Les portraits qu'il nous a laissés, officiels (Aimé Boussot) ou familiaux, sont empreints d'une rare sensibilité.

Et puis il y a les vrais photos d'amateurs, les bougées, les rigolotes, les presque ratées qui sont souvent celles que l'on préfère : ces petites jeunes filles qui cèdent à l'hilarité en février 1910 sont-elles amies, cousines ou voisines ? Leurs costumes et leurs postures témoignent d'une époque lointaine mais leur naturel nous les rend tout à coup très proches.

Aussi proches que ces sympathiques « amoureux à l'ombrelle » qui évoquent les opérettes marseillaises d'avant guerre et la joie de vivre à la cavaillonnaise.

XI
Enfants des écoles

Mado et ses frères vers 1900. Une pose bien conventionnelle chez monsieur Ganda. Costume marin pour les garçons, sages macarons et livre ouvert pour la grande fille... C'est la rentrée des classes.

L'école maternelle juste après sa construction en 1912. En 1907, lorsque les hospices vendent les locaux de la Charité qui abritaient la maternelle depuis le milieu du XIXe siècle, le conseil municipal décide la construction d'une nouvelle école à l'emplacement de l'ancien presbytère : « *emplacement admirablement situé à l'intérieur de la ville, dans un quartier très sain.* »

Intérieur d'une classe de maternelle en 1949. L'école de 1912 comprend trois classes, deux préaux, une cantine et trois logements donnant sur la terrasse. Le jardin du presbytère devient cour de récréation ; une rue est ouverte, reliant la place Notre-Dame (Abbé Béranger) à la place de l'Evêché. En 1948, les halles désaffectées viendront compléter cet ensemble.

L'école des garçons (actuel parking Paul Gauthier) vers 1900. Projetée dès 1873, l'installation d'une école primaire supérieure dans les vastes bâtiments de la propriété Bouisseau, dite aussi « l'Ancienne Brasserie », est réalisée en 1886 pour 7 classes et 200 élèves. Après 1905, elle compte 10 classes et... 474 élèves.

Une classe en 1942-1943 encadrée de messieurs Mouret, directeur, et Anastay, instituteur. Les conditions ont heureusement bien changé depuis le début du siècle, époque où « *les salles de classe se trouvent au milieu des logements des instituteurs, à côté des chambres à coucher et sont desservies par les mêmes escaliers, les mêmes corridors et les mêmes cabinets* » !

Créée à l'Ancienne Brasserie, puis aménagée en 1886 dans l'ancien couvent des Ursulines, l'école des filles ouvrait alors sur la rue Sainte-Ursule (actuellement rue Michelet). Ses locaux, déjà vétustes, furent rasés en 1934 pour faire place à la moderne école Castil-Blaze.

La directrice et ses adjointes, vers 1890 : assise au centre, la première directrice de l'école, Antoinette Duplastre, et, à sa gauche, mesdames Chabas et Marie Mousquet née Duplastre. La petite fille à gauche de la photo, Pauline Duplastre, embrassera également la carrière de ses aînées.

Vingt ans après, les institutrices posent autour de la même directrice. Au centre de la photo, de gauche à droite : madame Coupy (accoudée à la table), Pauline Duplastre (debout), Antoinette Duplastre (assise) madame Chabas et madame Loo (debout).

La classe de madame Coupy en 1918. Rose Coupy a marqué plusieurs générations de jeunes filles qu'elle a préparées au certificat d'études primaires. « *C'était une sainte femme ! Elle s'occupait beaucoup des enfants qui avaient des difficultés à l'école… Ce n'est pas pour rien qu'elle a reçu les palmes académiques !* »

Ecole des Vignères : la classe unique d'Edmond Teyssier en 1925-26. « *On faisait le trajet à pied jusqu'à l'école. On n'était pas trop moderne ! Et quand il pleuvait... on prenait la trempe ! Maintenant, les parents les conduisent en bagnole... C'est pas pareil !* »

Les anciens de l'institution religieuse Saint-Charles, années 1930. « *Ah ! Oui, j'ai été au pensionnat Saint-Charles... et alors plus tard, quand on a été d'âge d'homme, on disait :* « Ho! N'oubliez pas une chose : c'est un « Saint-Charles » ! » Le point de vue d'un de la « communale » : « *On se battait contre l'école de Saint-Charles ! Il y avait une rivalité ! On les appelait les* « *gros patas* » *(le pata, c'est une grosse corneille qui niche à Saint-Jacques).* »

XII
Cafés, théâtres, cinémas

Le café du Commerce, cours Gambetta, possède sa salle de bal mais est aussi le siège de très sérieuses transactions : « *Chez nous, au café du Commerce, on avait beaucoup de mandataires. Les paysans venaient leur faire leur commande et puis la semaine d'après, ils venaient payer. Il y avait des guéridons, dehors, et ils posaient les pièces d'or, de 20 francs, de 10 francs... Ils faisaient pas de chèques !* »

Dans ce Cavaillon « agricole et industrieux », le café reste le lieu par excellence des loisirs et de la sociabilité. Le café d'Orient, véritable institution, est lié à la plus grande salle de spectacles de la ville, le Casino-Théâtre, dont la programmation intègre opéras, opérettes, théâtre, music-hall et concerts.

Les rouges et les blancs : « *Mon père, qui était « un blanc », c'était un bon vivant... et les rouges, figurez-vous, sont toujours plus gais que les gens de droite (rire), alors il fréquentait le café des rouges où on lui disait* « Dis, tu as pas honte, tu vas aller voter à droite ! » *Mais il préférait toujours aller au café des rouges parce qu'au café des blancs... il s'ennuyait !* »

Les cafés de quartier, loin de l'effervescence des boulevards, ont une clientèle d'habitués qui se retrouve pour lire le journal et commenter les nouvelles. Chez le marchand de vin Marignane, dans la Grand'rue, on sort quelques tables devant le pas de porte pour trinquer.

Siège des cercles et associations, le café se fait aussi relais des campagnes électorales. A l'Oasis, au Fangas, Marcel Sanguignol accueille pour les législatives de 1936 le comité de soutien au candidat SFIO, Charles Lussy. Les inévitables orangers en pot donnent à ce café populaire un petit air coquet.

Les limonadiers les plus entreprenants attirent leur clientèle par de nombreuses attractions : spectacles de music-hall, illusionnistes, concours de chant, concerts, animent régulièrement leurs soirées. Ils possèdent souvent leur propre bal et leurs propres musiciens : ainsi du café du Commerce, du Grand café Toppin, de l'Univers et de tant d'autres... On y vient danser la polka, la scottish, le quadrille des lanciers.

Voici le café des Arts (ou café Michel), cours Gambetta. Cet établissement est durant toute la seconde moitié du XIXe siècle un lieu privilégié de l'activité intellectuelle et artistique locale. Il est le siège d'au moins deux associations d'importance : le Cercle du XIXe siècle et la loge maçonnique des Amis Réunis.

Ses dynamiques gérants (de Véran Doborre en 1896 à Alexandre Michel en 1906) proposent de nombreuses attractions, du café-concert aux bals publics qui se tiennent plusieurs fois par semaine dans une vaste arrière-salle (le futur « Bal des Italiens » des années 1920) dont on aperçoit l'entrée, à droite de la photo.

C'est au café des Arts que les Cavaillonnais assistèrent à la première projection de cinématographe, le 20 février 1897.

Le cinéma Pathé s'installe à partir de 1907 à Cavaillon dans la salle du Casino-Théâtre, la seule journée du lundi restant consacrée aux représentations théâtrales. On distingue bien, à gauche de la photographie, l'entrée du cinéma *Pathé-Frères*. Rebaptisée le *Palace* après 1914, cette salle fonctionnera jusqu'au début des années 1970.

Le cinéma *Fémina* en 1913. Le Grand café Serre brillait déjà par ses bals publics. Devenu Grand café Toppin vers 1901, il multiplie les attractions en vogue : skating, music-hall ou cinématographe. En 1912, Mathilde Toppin décide d'ouvrir son propre cinéma. On le baptise *Fémina* et il est inauguré avec la toute jeune, mais déjà vedette, Berthe Sylva.

Réclames parues dans les programmes de la fête de la Saint-Gilles (années 1930).

Plus grand, plus moderne, plus luxueux, le casino de la Cigale est construit dans les années 1920 et accueille de grandes vedettes du music-hall comme les très prisées revues cavaillonnaises présentant des « chansons drôles » où l'on brocarde les personnages en vue. Evénement : la Cigale accueille en 1951 le tirage de la loterie nationale.

XIII
Les premiers corsos

« *Jour de Corso, jour enjôleur, chacun se sent folie en tête...* » (chanson du corso, 1931). C'est l'essence même du corso des origines qui se trouve résumée avec ce « char au melon » : musiciens, jolies filles, enfants en costume, beaucoup de sourires et, surtout, une belle spontanéité dans la réjouissance collective.

Char de la fanfare amicale Avant-Garde cavaillonnaise, du 1er mai 1924.

Jolie reine des années 1920 photographiée par Ganda. Le 2 mai 1923, le corso de Charité défila pour la première fois sur les boulevards. Il avait été créé par le Comité du commerce, de l'industrie et de l'agriculture de Cavaillon qui devint l'année suivante la Société indépendante du corso. Autour de Jean-Pierre Boitelet, infatigable acteur de la vie associative et festive, on retrouve de nombreux commerçants de la cité : F. Appy, B. Bastide, M. Bergier, E. Blanchet, G. Doche, F. Jauffret, L. Monfrin, H. Moutte, M. Palun, F. Ravaute, C. Sarnette, M. Creisson qui feront notamment partie de ce comité initiateur du corso.

Devant la gare, au corso de 1925, Jean Bastide au volant d'une voiture décorée (Renault) chargée d'enfants.

Charrette attelée « aux marguerites », corso de 1926. Les deux grâces ont l'air un peu transies ! Sur un platane, on distingue l'affiche d'une revue cavaillonnaise, programmée au casino de la Cigale, au titre irrésistible : « *Cageot... le moi !* » (Cajole-moi).

Le char de la fanfare amicale Avant-Garde cavaillonnaise à l'angle du cours Ernest Renan, au corso de 1926. Plumets à la casquette et sous la baguette d'Henri Moutte (sans couvre-chef), les musiciens de la célébrissime fanfare paradent. A l'arrière-plan, les spectateurs profitent des chaises louées par le comité du corso de Charité au profit du bureau de bienfaisance.

Un beau thème à l'égyptienne avec pharaon, obélisque, palmiers et beautés plus ou moins orientales (années 1920).

Corso de 1927. Devant la gare (on aperçoit en arrière-plan quelques wagons), l'attelage d'André Chabas. Le petit garçon au gibus ne serait autre que Fernand Lombard, futur maire de Cavaillon (1977-1989), longtemps artisan des fêtes et loisirs de la cité.

Corso de 1927 ou 1928. A côté des somptueux et imposants chars des adultes... les deux petits pierrots et leur âne font eux aussi le bonheur des badauds.

L'une des Belles de Cheval-Blanc vers 1929. Franchissons les 4 kilomètres qui séparent Cavaillon de Cheval-Blanc, et rappelons-nous que cette localité ne fut détachée de la cité cavare qu'en 1791 : Cheval-Blanc, c'est toujours un petit peu chez nous. La tradition des Belles qui, comme le corso, est toujours vivante aujourd'hui, est ainsi racontée par une Cheval-Blannaise :
« Les Belles étaient un groupe de jeunes gens du village, célibataires, qui le jour de Mardi Gras, passaient chez chaque jeune fille du village et y faisaient la farandole avec elle. Les parents de la jeune fille offraient la goutte et on mangeait les oreillettes. Suivait une charrette avec des jeunes gens déguisés en Caramentran (« Carême-entrant », mannequin que l'on brûle en place publique le jour du Carnaval) *auxquels on donnait quelques sous pour qu'ils puissent s'organiser un repas le soir-même ou le lendemain. »*

XIV
Cercles, sociétés et loisirs

Artistes, joueurs, habitués d'un café, passionnés de toute sorte ou simplement bons vivants, les hommes de la « bonne société » se retrouvent ensemble au sein des cercles et des associations.

Les cercles ont la plupart du temps leur siège dans un café. Les plus célèbres restent le cercle de la Fraternité, celui de l'Agriculture et bien sûr, le cercle de l'Indépendance. Quelques règles d'or (souvent transgressées) les régissent : n'admettre ni femme ni mineur, ne laisser jouer à aucun jeu de hasard, n'autoriser aucune discussion sur des questions politiques ou religieuses.

Frédéric Viau en « mage ». Moins connus, les cercles du Progrès, de l'Avenir, du XIXe siècle, de l'Industrie, des Arts, du Mont-Caveau, ainsi qu'un cercle catholique des ouvriers existèrent de manière plus ou moins éphémère. A partir des années 1890 commencent à apparaître les sociétés liées au arts et aux loisirs. Le Groupe artistique cavaillonnais, créé en 1902 par Frédéric Viau, compte parmi ses membres Joseph d'Arbaud, félibre et homme de lettres, originaire de Cavaillon.

La fanfare amicale Avant-Garde cavaillonnaise à Marseille, en 1923. Aux côtés de la Société symphonique, de la Musique municipale ou du Rallye cavaillonnais, cette fanfare assure depuis 1897 les concerts de la Saint-Gilles, du corso et la musique des traditionnelles retraites aux flambeaux.

Les conscrits de 1917 (ou 1918) réunis au café (le Fin de Siècle d'après la tradition familiale). Ils ont l'air grave, ces conscrits de l'année terrible, mais prennent tout de même crânement la pose avec leurs camarades d'infortune. Leur grand drapeau tricolore indique « *Groupe de l'Etoile, Cavaillon* ».

1937. Le Splendid hôtel, route des Courses, n'a pas encore connu les heures noires de l'Occupation. Une sympathique association bouliste y a son siège et s'y réunit pour son repas annuel. On reconnaît notamment Jean Louet (2e rang, 7e à gauche avec un béret) et l'incontournable Jean-Pierre Boitelet (1er rang, assis, 5e à droite).

Probablement sur la place du Clos, les jeunes filles de l'Escolo Felibrenco Castil-Blaze présentent leurs danses provençales devant un public fourni (années 1950).

Les notables de la Commune libre de Castil-Blaze. Groupement humoristique et philanthropique, cette association de joyeux drilles fut créée au début des années 1930. Autour du « maire » Emile Mathieu, de Jean Louet, et du conseil municipal, le commissaire et les agents de police, les sapeurs-pompiers, le gendarme à cheval forment un groupe cocasse.

1951. Les fêtes annuelles de la Commune libre sont, depuis leur première édition en 1936, grandioses. Défilés, bals, feu d'artifice, concours, jazz, course de garçons de cafés ou marche des facteurs, ainsi qu'une énigmatique « phalange bigophoniste » animent la place. Le temps fort est l'élection de la miss Castil-Blaze de l'année. De 1939 à 1953, le livre d'or de ce joyeux groupement, dont le président d'honneur est Pierre Dac, se couvre de signatures : celles de Fernandel ou Jean Nohain par exemple.

Vive le vélocipède ! La bonne société cavaillonnaise du début du siècle prise fort ce loisir qui n'est pas encore devenu populaire. Témoin de ce goût pour l'évasion, une société des Touristes cavaillonnais, ayant pour sigle deux cannes d'excursionniste, est créée en 1909 au café Moderne, place Gambetta.

Promenade en plein « cagnard » aux alentours de Cavaillon à la fin du XIXe siècle (photographie de Joseph-Georges Viau).

Repas de chasse à Saint-Jacques, en 1898. Debout : le garde-chasse et maître Liffran.

A Saint-Jacques, on va manger l'omelette et danser au son de la vielle chez Richardy, goûter les oreillettes qu'on transporte dans leur bassine, ou encore faire griller les saucisses le mercredi des Cendres pour embêter les « blancs ». Le prétexte de la chasse permet aux hommes de se retrouver entre eux en campagne et, après l'effort, de « tirer de la *biasse* », un casse-croûte réparateur qu'on déguste devant le cabanon. Le cabanon de Saint-Jacques est une construction typique avec sa double génoise et sa pièce unique mais essentielle pour remiser outils, table et chaises, quelques ustensiles : de quoi oublier les rumeurs de la ville pourtant si proche.

En famille à Fos-sur-Mer (?), en 1932. Les plaisirs de la baignade ont aussi leurs adeptes. Mais la Durance toute proche est dangereuse avec ses sables mouvants, ses trous, ses eaux dormantes : son histoire est pleine de noyés. Il faudra attendre les années 1930 et le fameux Cavaillon-Plage, lieu de loisirs aménagé dans une gravière désaffectée, pour pouvoir se baigner dans l'eau de la rivière sans trop de craintes. Ceux, rares encore, avant les congés payés, qui peuvent s'éloigner quelques jours lui préfèrent la mer, celle de Fos ou des Martigues.

Une famille cavaillonnaise à la mer, en 1932.

XV
Vive le sport !

Course de vitesse au vélodrome, en 1938. Jean Bastide, à moto, entraîne un coureur cycliste.

Créée en 1859, la Société hippique de Cavaillon a largement contribué à l'éclat des fêtes de Printemps et de la Saint-Gilles par l'importance des courses organisées à l'hippodrome. Ses présidents sont directeur de banque (Pierre Grand), négociants (Augustin Jouve ou Valère Moutin), notaire (Marcel Liffran) ou entrepreneur de travaux (Véran Dublé).

La tribune officielle au tout début du siècle, tendue de velours rouge frangé d'or, largement pavoisée, donne une idée de l'ampleur de ces journées qui attiraient tous les joueurs de pari mutuel de la région.

«Avant, les courses, ça brillait ! Et c'était l'occasion de faire une toilette : si il y avait deux jours de courses pour la Saint-Gilles, on mettait pas deux fois la même robe, hein, ah, non! On se débrouillait d'avoir deux toilettes. Ah, moi, depuis cinquante ans, j'ai la passion des courses, j'en aurais pas raté une !»

Hippodrome : le parc anglais. En 1930, 12 courses se jouaient en deux jours : le prix de la Saint-Gilles, ceux de la Société hippique, de la ville de Cavaillon, du Gouvernement, le critérium du Sud-Est, le prix d'Auteuil et celui de Saint-Jacques, le prix de Longchamp et le prix de la Durance, celui du cercle de l'Indépendance ou du cercle des Etrangers...

Les arènes du Cagnard dans les années 1920. Si le spectacle taurin appartient traditionnellement aux Bouches-du-Rhône, il a su s'exporter au-delà de la Durance dès la fin du XIXe siècle. Les arènes sont alors la propriété d'un particulier, Joseph Reynard, à qui les organisateurs de spectacles -dont Joseph d'Arbaud- louent l'installation.

Les arènes du Cagnard vers 1890 : une simple palissade de bois ! *« On y a fait de tout ! Des courses de cocardes, du basket, du théâtre, des girlettes* (sic), *des réunions politiques… de tout ! »*

Moto-ball au Cagnard vers 1936. Photographie prise par Jean Bastide, membre de l'Auto-Moto Club de Cavaillon. Créé en 1926 « *sous l'énergique impulsion d'un groupe de sportifs, fervents amateurs des sports mécaniques* », ce club organise chaque année la fameuse course de côte de Saint-Jacques pour laquelle le chemin de la colline est peu à peu bétonné.

Course de côte de Saint-Jacques, 1932. Motos, side-cars, voitures de sport et de course s'affrontent sur la route escarpée : au volant des Bugatti, Mathis, Magnat-Debon, les pilotes de toute la région donnent des sueurs froides au public.

Créé en 1937 par Emile Pape, avec à ses côtés André Montagnier, Auguste Salles, Jean Bastide et Henri Tarnand, l'Aéroclub cavaillonnais a pour but de développer le goût et la pratique de l'aviation par des conférences, des cours de préparation aux différents brevets de pilote, des meetings.

La piste de décollage est située entre Cavaillon et Cheval-Blanc. Le club s'équipe d'abord de deux planeurs, puis d'avions d'occasion. La célèbre aviatrice Maryse Bastié, marraine de l'ACC, rend visite à ses filleuls le 5 novembre 1937 (le club adoptera ses couleurs : le rouge et le noir). La guerre interrompt définitivement l'activité de ces passionnés des airs.

L'équipe de rugby du Stade Union Cavaillonnais en 1941 ou 1942. En haut (de gauche à droite) : Phali, Roche, Faure, Accarie, Dujenet, Barthélémy, Molinaro, Sartore, Jean Jean. En bas (de gauche à droite) : Moutte, Fort, Cibrario, Carrière, Dephilippe, Hugues.

Match de rugby à treize dans les années 1950 : Cibrario en action.

L'équipe du Fémina Baskett-Ball Club photographiée par Chardon en 1938. En haut (de gauche à droite) : Simone Goirand, Aline Peyraud, Raymonde Gondrand. En bas : Lilyane Bousquet, Odette Blanc, Jeanne Peyraud.

XVI
Villes jumelles

La première délégation de Weinheim à Cavaillon, devant le café Toppin, Saint-Gilles 1958. Weinheim an der Bergstrasse (Allemagne) est jumelée à Cavaillon depuis plus de quarante ans. Elus, personnel communal, associations, entretiennent des liens d'amitié renforcés chaque année lors des manifestations festives ou commerciales des deux villes.

Première délégation de jeunes à Weinheim, été 1956. Les jeunes Cavaillonnais et Weinheimer réunis au nom de l'amitié franco-allemande. Une initiative en faveur de la paix, qui n'allait pas de soi, dix ans seulement après la fin de la guerre. En 1957, une délégation de jeunes de Weinheim sera à son tour reçue à Cavaillon.

Rolf Engelbrecht, *Oberbürgermeister* de Weinheim, reçoit de la jeune délégation de 1956 un cadeau terriblement cavaillonnais : les fameux melons. « *Monsieur Engelbrecht était une personnalité d'exception. Au cours de plusieurs séjours dans notre ville, il avait su acquérir la sympathie de nombreux Cavaillonnais. Ses remarquables qualités de cœur et d'esprit, son érudition, lui avaient valu une estime particulière et une place de choix parmi ses collègues.* », F. Mitifiot, 1966.

Première délégation officielle de Cavaillon à Weinheim, du 7 au 22 juin 1958. Au 1er rang, de gauche à droite : messieurs A. Bouscarle (secrétaire général de la mairie), F. Lombard (adjoint au maire), X, F. Mitifiot, maire de Cavaillon, R. Engelbrecht, maire de Weinheim, J. Quartino et L. Rochas (conseillers municipaux).

« *Un précieux salut de Cavaillon à sa ville jumelle Weinheim* », vers 1960. Arrivée d'un wagon de raisin cavaillonnais en gare de Weinheim. Après les échanges amicaux et culturels, voici le temps du partenariat économique... Des années plus tard, la fondation Mitifiot-Engelbrecht renforcera encore cet aspect du jumelage par des échanges de jeunes en entreprises.

Les petits Cavaillonnais « en colo » à Buoux à la fin des années 1940. Racheté par la ville de Cavaillon après la guerre, le superbe château de Buoux fut aménagé en colonie de vacances. Quelle plus jolie conclusion à ces souvenirs d'hier que cette belle grappe d'enfants de Cavaillon qui semblent regarder l'avenir ?

Remerciements

Cet album-souvenir collectif s'est largement construit autour de photographies qu'ont bien voulu me confier de nombreuses familles cavaillonnaises. Je remercie tout particulièrement, pour la confiance qu'ils m'ont témoignée, mesdames et messieurs : J. Avy, J. Benoît, E. Bernard, J. Bonnafoux, E. et P. Bonneau, P. Brioudes, C. Burgo, G. Carretier, L. Chambonnet, M.-J. Choisselet-Bastide, M. Comte, E. Delaye, J. De Souza-Capeau, Y. Dufour, R. Escoffier, A. Estellon, M. Ferland, J. Giroud, L. et P. Guiol, M.-C. Jacotet, G. Jau, A. Jauffret, madame J. Louet, C. Lozano, M. Maupas-Orcière, F. Mitifiot, J.-C. Roux, R. Sadaillan, Sanguignol, P. Sarnette, M. Scheiner-Bastide, le Stade Union Cavaillonnais, Tamisier, H. Valentin, N. Viala, M. Viau, ainsi que les regrettés L. Chabas, L. Charras, V. Ferland, F. Lombard, G. Moutte.
Cette série familiale a été complétée par des documents issus des fonds des Archives départementales de Vaucluse et, bien sûr, des Archives municipales de Cavaillon.
Cet ouvrage n'existerait pas sans la parole précieuse de ceux qui, au fil des ans, m'ont transmis l'amour de leur ville et ont nourri ce livre de leur mémoire : messieurs P. Accarie, L. Chabas, M. Chabas, R. Chave, J.-B. Coupy, A. Estellon, E. Porte, A. Ricaud, P. Sarnette et mesdames M.-L. Conil, F. Sarnette, C. Tephany, madame H. Toppin. Que tous, ici ou là-bas, reçoivent ma gratitude.